Chronisches Erschöpfungssyndrom und Fibromyalgie

Tipps aus der Selbsthilfe

Liebe Leser,

das Chronische Erschöpfungssyndrom (CFS), auch als Myalgische Enzephalomyelitis (ME) bekannt und mittlerweile weit verbreitet, bringt massive Einschränkungen in der Lebensführung der Betroffenen mit sich. Ebenso verhält es sich bei der Fibromyalgie, dem generalisierten Schmerzsyndrom.

Beide Krankheitsbilder ähneln sich sehr, obwohl sie zwei unterschiedlichen Fachbereichen zuzuschreiben sind. Allerdings sind die Folgen für die Erkrankten weitgehend gleich.

Nicht nur die derzeitige Versorgungssituation ist defizitär. Gleichermaßen erhalten viele Patienten nicht die sozialrechtliche Hilfestellung, welche angemessen für sie wäre.

Als Betroffener der beiden Krankheitsbilder, aber vor allem auch als Psychologischer, Sozial- und Ernährungsberater habe ich viele Erfahrungen sammeln können.

Mittlerweile habe ich mehrere Tausend Erkrankte begleitet und sie ehrenamtlich beraten und in der Gesundheitsförderung weitergebracht. Mit meiner bundesweit aktiven Selbsthilfeinitiative bin ich Ansprechpartner für die Betroffenen und ihre Angehörigen in Alltagsfragen und im Umgang mit den Störungsbildern.

Immerhin fällt die Annahme dieser Erkrankungen schwer, weil sie chronisch verlaufen und ein multimodales Konzept der Behandlung erfordern, das keine schnellen Abhilfen bringt, sondern Geduld erfordert. Doch davon haben Betroffene oftmals verständlicherweise wenig und warten auf neue Innovationen zur Therapie.

Im vorliegenden Buch habe ich nun wichtige Pressemitteilungen zum Thema aus meiner Feder zusammengefasst, aus denen hoffentlich viele anregende Informationen für Sie hervorgehen und Ihnen helfen.

Ihr Dennis Riehle

Stand der Texte dieses Buches: Januar 2023

Nahrungsergänzung wichtiger Baustein in der Behandlung des Chronischen Erschöpfungssyndroms

Bisher sind die Behandlungsmöglichkeiten des Chronischen Erschöpfungssyndroms (CFS) auf symptomorientierte Therapieansätze reduziert und führen bei Betroffenen oftmals zur Frustration.

Durchschlagende Verbesserungen des Gesundheitszustandes können bislang nämlich nur selten erreicht werden.

Klar ist, dass die als neuroimmunologische Erkrankung anzusehende Myalgische Enzephalomyelitis, wie sie im Fachjargon auch bezeichnet wird, zu erheblichen körperlichen, psychischen, geistigen und sozialen Einschränkungen führt, berichtet der Leiter der bundesweit tätigen Selbsthilfeinitiative CFS und Fibromyalgie, Dennis Riehle (Konstanz), in einer Aussendung.

Umso wichtiger sei es, dass Patienten umfassende Unterstützung zuteilwird, die sich nicht nur auf evidenzbasierte Erkenntnisse und standardtherapeutische Möglichkeiten wie die Gabe schmerzlindernder Antidepressiva, Schlafhygiene oder Psychotherapie bezieht:

"Allzu lange wurde die Ernährung als ein Schlüssel zur Herangehensweise beim Chronischen Erschöpfungssyndrom nur stiefmütterlich betrachtet und ist daher bei der Behandlung aus dem Blick geraten", erklärt der 37-Jährige, der selbst seit acht Jahren betroffen ist und entsprechend ergänzt:

"Insgesamt sollte bei Erkrankten etwas mehr auf Eiweiß und eine klar histaminärmere Ernährung gesetzt werden als beim Durchschnittsbürger.

Zudem gibt es gewisse Hinweise, dass folgende Nahrungsmittel gegen die Symptome förderlich sein können:

Vollkornprodukte, Kartoffeln, Hühnchen, Putenfleisch, Fisch, Milchprodukte bis 45 % Fett, Schokolade in sehr geringen Mengen, Nüsse, Samen, Reis, Quinoa, Linsen, Bohnen, Soja, Öle, Butter in Maßen, Kaffee, Kakao, Tee, Mineralwasser, Sanddornsaft, Orangensaft, Melonen, Johannisbeeren, Trauben, Brokkoli, Blumenkohl, Paprika, Wirsing, Fenchel, Spinat, Kümmel, Muskat, Curry, Zimt, Koriander und Ingwer", sagt der ausgebildete Ernährungsberater.

Riehle merkt an: "Als Faustregel gilt für die Nahrungsaufnahme: 20 - 25 % Eiweiß, 50 % Kohlenhydrate und 25 - 30 % (gesunde) Fette.

Bei einer täglichen Kalorienaufnahme von 2200 kcal sollten drei Mahlzeiten eingehalten werden, wobei der größte Anteil auf das Mittagessen fallen sollte und ca. 1000 - 1200 kcal umfasst. Frühstück 500 - 600 kcal und das Abendessen etwa 400 - 500 kcal".

Daneben könne eine Nahrungsergänzung sinnvoll sein, was aktuell auch eine Entscheidung des Landessozialgerichts Niedersachsen-Bremen (Beschluss vom 14. Oktober 2022, Az.: L 4 KR 373/22 B ER) unterstrichen hat, wonach bei schweren CFS-Verläufen bestimmte alternative Arzneimittel durch die Krankenkasse bezahlt werden müssten, weil es nach gutachterlicher Einschätzung derzeit an konservativen Behandlungsoptionen im Katalog der GKV-Leistungen mangele und deshalb in Ausnahmen eine Kostenübernahme auch bei nicht existierendem Mangel erfolgen müsse, beispielsweise im Blick auf Vitamin D und Liponsäure, die gemäß Erfahrungen Betroffener eine positive Wirkung auf ein CFS haben können und daher im Einzelfall zu erstatten sind", so der Psychologische Berater. Gleichzeitig empfehle sich eine Bestimmung der Mikronährstoffe bei Betroffenen, gleichsam können Antioxidantien zum Einsatz kommen, um auch die Mitochondrien zu stärken:

"Gerade die B-Vitamine, Zink, Eisen und Vitamin C sollten überprüft werden, ebenso, wie der hormonelle Stoffwechsel", so Riehle.

Daneben kommen bei Bedarf auch eine Magnesiumsubstitution, orales NADH und Omega-3-Fettsäuren als Therapie in Betracht. "Außerdem haben sich das Energiemanagement, leichte körperliche Aktivierung und Entspannungsübungen unterstützend bewährt.

Und auch ein mentales Training und Coaching zur seelischen Bewältigung der Erschöpfung sollten ins Behandlungskonzept integriert sowie die Veränderung von Glaubenssätzen angegangen werden.

Fakt ist: Gegen ein CFS ist man nicht machtlos, es braucht einen multimodalen Behandlungsansatz!", so Dennis Riehle abschließend.

Chronisches Erschöpfungssyndrom, Depression und Burnout auf den ersten Blick schwer unterscheidbar

Die Konstanzer Selbsthilfeinitiative zu Chronischem Erschöpfungssyndrom (CFS) macht auf die schwierige Diagnostik des CFS aufmerksam und betont die grundsätzlich wichtige Auseinanderhaltung und Abgrenzung zu Burnout und Depression.

Wie der Leiter des ehrenamtlichen Angebots deutlich macht, hat die richtige Einordnung eine wesentliche Bedeutung für die sozialrechtliche Beurteilung der Betroffenen einer sogenannten "Myalgischen Enzephalomyelitis" (ME):

"Die Begrifflichkeit von ME und CFS wird im medizinischen und alltäglichen Sprachgebrauch zwar synonym verwendet.

Gerade im Schwerbehindertenrecht, aber auch bei der Einschätzung über die Erwerbsfähigkeit steht nicht zwingend die

Ursache des Gesundheitszustandes, sondern die daraus resultierenden Funktionseinschränkungen, welche Leistung und Teilhabe beeinträchtigen, im Vordergrund. Allerdings kann die Bewertung der langfristigen Entwicklung des Krankheitsverlaufs von der Herkunft der Erschöpfung abhängen.

Denn während bei einer depressions- oder Burnout-bedingten Kraftlosigkeit eine psychiatrisch-psychosomatische Ätiologie anzunehmen ist, hat das CFS eine neuroimmunologische Wurzel und daher eigentlich immer eine chronische Prognose", erklärt Dennis Riehle.

Der Psychologische Berater, der selbst betroffen ist, hat bereits hunderte Erkrankte begleitet und sagt: "Der CFS-Patient regeneriert sich auch durch Pausen, Urlaub und Rehabilitation nicht und leidet fortwährend unter einer Belastungsintoleranz, die meist über die psychisch-emotionale, körperliche und geistig-kognitive Erschöpfung hinausgeht und beispielsweise Hormonstörungen, Herz-Kreislauf-Probleme oder Magen-Darm-Beschwerden umfassen kann.

Allerdings ist das auch bei einer seelisch-vegetativen Erkrankung möglich, weshalb bei Verdacht auf ein CFS differentialdiagnostisch vorgegangen und eine neurologisch-testende Befundung vorgenommen werden sollte", so Riehle.

Mithilfe der geltenden Kriterien kann das Chronische Erschöpfungssyndrom aber relativ gut erkannt werden, auch wenn es sich stets um eine beschreibende und Ausschlussdiagnose handelt: "Erschwerend kommt allerdings hinzu, dass ein CFS zusätzlich eine depressive Symptomatik aufweisen kann. Dann wird die Abgrenzung noch sehr viel anspruchsvoller".

Wegweisend sei daher, wie gut der Erkrankte auf psychotherapeutische und psychopharmakologische Maßnahmen anspricht und ob er sich durch eine temporäre Herausnahme aus Beruf und

Alltagsleben wieder entspannen beziehungsweise seine Beschwerden reduzieren könne: "Bleiben solche Behandlungsschritte ohne einen Erfolg, deutet dies im Zusammenspiel mit internistisch und neurologisch hinweisenden Untersuchungsergebnissen sowie der Art, Dauer und Intensität eher auf ein CFS statt auf einen Burnout hin.

Prinzipiell sind aber auch - wie in meinem Fall - alle drei Krankheitsbilder parallel oder in zeitlicher Abfolge beim gleichen Patienten möglich, was die Einschätzung zu langfristiger Arbeitsfähigkeit und möglicher Pflegebedürftigkeit komplexer werden lässt. Gleichsam kann gerade der Grad der Behinderung durchaus von der Gestalt der Erschöpfung abgeleitet werden", meint Riehle und fügt abschließend an: "Betroffene sollten daher Tagebuch führen und ihre Symptome dokumentieren, damit im Zweifel ärztliche Attestierungen für rechtliche Ansprüche leichter fallen".

Bei schwersten Verlaufsformen: Chronische Erschöpfung und Fibromyalgie können zur Erwerbsminderung führen

Gerade als Folge von Long-Covid haben sich das Fibromyalgie- und das Chronische Erschöpfungssyndrom (CFS) mittlerweile einen Namen gemacht.

Und doch sind viele Facetten dieser systemischen Erkrankungen noch immer weitgehend ungeklärt, weshalb es Betroffene auch nicht selten schwer haben, bei Behörden und Ämtern Anerkennung für ihr Leiden zu erfahren.

Diese Beobachtung macht auch die bundesweit tätige Selbsthilfeinitiative zunehmend, welche vom Konstanzer Betroffenen und Journalisten Dennis Riehle geleitet wird und unter anderem eine psychosoziale Mailberatung für Patienten und deren Angehörige anbietet:

"Immer öfter erfahren wir von abgelehnten Bescheiden der Versicherungen und Kostenträger, die Erwerbsminderungsrenten nicht gewähren oder Pflegebedürftigkeit verneinen. Und gleichsam wissen viele Erkrankte nicht, dass sie einen möglichen Anspruch hätten, weil sie nicht informiert sind.

Neben der Feststellung einer Schwerbehinderung ist nämlich auch der Nachweis, mit einer Fibromyalgie oder einem CFS nicht mehr in gewohntem Umfang dem Arbeitsmarkt zur Verfügung stehen zu können oder seinen Haushalt und den Alltag selbstständig und alleine führen zu können, immer wieder schwer zu erbringen, weil es sich jeweils um eine ganz individuelle Krankheitssituation handelt, die kaum mit anderen Störungsbildern vergleichbar ist und in aller Regel auf der Beschreibung der Symptome basiert.

Dabei stünden nicht wenigen Betroffenen Nachteilausgleiche und Leistungen von Rentenkasse, Sozial- und Versorgungsamt oder den Pflegekassen zu", weiß der gelernte Sozialberater, der bereits über 3000 Patienten begleitet und sie bei ihren Anträgen unterstützt hat:

"Es braucht eine umfassende Anamnese und differentialdiagnostische Untersuchungen. Aber auch der Erfahrungsbericht des Erkrankten nimmt an Bedeutung zu. Gleichzeitig sollten die anerkannten Kriterien, Skalen und Klassifizierungen, die bei der Einordnung und Bewertung des Ausmaßes, der Art und der Intensität der Erkrankung helfen können, fachkundig und konsequent angewandt werden, damit sie im Falle einer rechtlichen Auseinandersetzung zur Objektivierung beitragen können".

Neben der Zuerkennung von Ansprüchen ist auch die Behandlung von Fibromyalgie und CFS entsprechend schwierig: "Ursächlich lässt sich an der schmerzmedizinischen beziehungsweise neuroimmunologischen Erkrankung nur bedingt etwas tun und die Handlungsspielräume sind gering.

Trotzdem kommt gerade der Ernährung und einer aktivierenden Bewegung eine enorme Bedeutung zu. Daneben kann die Aktivität der Mitochondrien durch sinnvolle und zielgerichtete Nahrungsergänzung gesteigert werden. Zur Schmerzbehandlung kommen neben den Medikamenten auch Akupunktur, Stressbewältigung, Entspannungsübungen, Mentales Training, Manuelle Therapie und Psychotherapie eine bedeutsame Wirkung zu und ergänzen die konservativen Ansätze.

Manchmal können Antioxidantien ebenfalls hilfreich sein und sind neben der Überlegung, zum besseren Umgang mit der Erkrankung milde Antidepressiva einzusetzen, ein weiterer und nicht zu vernachlässigender Baustein im Instrumentenkasten der Therapiemöglichkeiten", führt Dennis Riehle hierzu aus und zeigt sich aus seiner eigenen Betroffenheit erfahrungsgemäß optimistisch: "Man ist nicht machtlos, wenngleich auf den ersten Blick die Spielräume gering zu sein scheinen.

Der Behandlungserfolg hängt maßgeblich von der Frage ab, inwieweit man bereit ist, aktiv zu werden und die Erkrankung nicht nur als Schicksal anzunehmen. Mir haben auch die Anwendung von warmen Kirschkernkissen, Wechselduschen und eine bessere Schlafhygiene Linderung gebracht und sind für mich zu einem adäquaten Mittel geworden, den Alltag wieder stärker als früher zu genießen. Daher setze ich auch so sehr auf die Selbsthilfe, denn das Konzept, wonach sich Betroffene über ihre persönliche Herausforderung austauschen und voneinander lernen, hat schon so manche kreative Idee zutage gefördert, auf die man eigenständig nicht gekommen wäre", erklärt der Autor abschließend und verweist deshalb auf das überregionale Beratungsangebot der Selbsthilfeinitiative, das für jeden erreichbar ist.

Selbsthilfeinitiative bietet Psychosoziale und Ernährungsberatung für CFS- und Fibromyalgie-Patienten

Noch immer fühlen sich Betroffene eines Chronischen Erschöpfungssyndroms (CFS) oder einer Fibromyalgie nicht wirklich in ihren vielschichtigen Beschwerden ernstgenommen. Ob beim Arzt oder gegenüber Versicherungen, Ämtern und Behörden: Die beiden Krankheitsbilder fristen noch immer ein stiefmütterliches Dasein in der Versorgungslandschaft.

Nicht zuletzt aufgrund ihrer fehlenden Greifbarkeit als manifestes Störungsmuster des Körpers werden sie noch immer in den Bereich der Psychosomatik abgeschoben, obwohl ihre neuroimmunologische beziehungsweise rheumatisch-schmerzmedizinische Bedeutung heutzutage unbestritten ist. Besonders schwierig zeigt sich das Durchsetzen von sozialen Leistungen, wenn ein Mensch an einer Myalgischen Enzephalomyelitis, wie das CFS auch genannt wird, oder an einem Fibromyalgie-Syndrom leidet.

Bereits die Diagnostik und Behandlung ist begrenzt, wenngleich heute durchaus möglich. Vor dem Versorgungsamt, dem „Jobcenter", gegenüber der Rentenversicherung oder der Pflegekasse fällt es Betroffenen nicht leicht, ihre Ansprüche durchzusetzen – trotz einer mittlerweile guten Grundlage an rechtlichen und gesetzgeberischen Entscheidungen, die den Weg weisen. Hierauf macht der Leiter der bundesweit tätigen Selbsthilfeinitiative zu CFS und Fibromyalgie, Dennis Riehle (Konstanz), aufmerksam.

Er ist selbst von beiden Krankheiten heimgesucht und hat als gelernter Psychologischer und Sozialberater bereits knapp 4000 Betroffene unterstützt:

„Zweifelsohne wird eine sachgerechte Beurteilung der Störungsbilder durch ihre individuelle Ausprägung beim Einzelnen erschwert. Man tut sich bei Amtsärzten und Sozialmedizinern nicht leicht mit der adäquaten Bewertung eines CFS oder der Fibromyalgie, weil sie einerseits zu den Ausschlussdiagnosen gehören und andererseits in ihrer Intensität erheblich schwanken können.

Da bleibt dann oft nur, sich an anderen Krankheitsbildern zu orientieren, welche ähnliche Funktionseinschränkungen mit sich bringen und einfacher zu objektivieren sind", sagt der 37-Jährige vom Bodensee.

Riehle verweist auf wegweisende Urteile zu den beiden Störungen, die einen Anhalt geben, wie sie sozialrechtlich gesehen werden.

Beispielsweise hat das Landessozialgericht Niedersachsen-Bremen mit dem Urteil vom 28.04.2022, Az.: L 10 SB 50/19, festgehalten: „Unabhängig davon, ob die Erkrankung [...] an CFS [...] dem psychiatrischen Fachgebiet oder [...] dem immunologischen Fachgebiet zuzuordnen ist, stellt sich schwerbehindertenrechtlich allein die Frage, inwieweit die 'Behinderung' und die daraus folgenden Funktionsbeeinträchtigungen [...] die Teilhabe beeinträchtigen".

Dasselbe Gericht hatte schon am 26.03.2014, Az.: L 10 SB 161/12, auch BSG, Beschluss vom 05.08.2014, Az.: B 9 SB 36/14 B, entschieden: „Nach Teil B 18.4 der Anlage [der Versorgungsmedizin-Verordnung, Anm. d. A.] sind die Fibromyalgie und ähnliche

Somatisierungs-Syndrome (z.B. CFS/MCS) jeweils im Einzelfall entsprechend der funktionellen Auswirkungen analog zu beurteilen [...]". Was also die Schwerbehinderteneigenschaft angeht, konnten klare Pflöcke eingeschlagen werden, wie ein CFS und die Fibromyalgie angemessen beurteilt werden.

Beim Blick auf eine mögliche Erwerbsminderungsrente kann man sicherlich Einiges aus dem Urteils des Verwaltungsgerichts München vom 11.07.2018, Az.: M 5 K 17.625, entnehmen und schlussfolgern: Von einer zumindest teilweisen Erwerbsminderung kann bei einer manifesten und erheblichen CFS-Erkrankung mit Ausbildung des klassischen Symptombildes gerade bei fehlender Möglichkeit zur Anpassung von Arbeitszeiten oder Arbeitsbedingungen (z.B. Telearbeitsplatz) ausgegangen werden.

Zumindest dürfte dies aufgrund der Rechtsprechung im Beamtenrecht äquivalent auch für regelhafte Fälle eines typischen CFS- oder Fibromyalgie Verlaufs im Erwerbsminderungsrecht anzunehmen sein. Und bezüglich einer Pflegebedürftigkeit verweise Sozialberater Dennis Riehle nochmals auf das Urteil des LSG Niedersachsen-Bremen vom 19.08.2020, Az.: L 4 KR 159/20, woraus entnommen werden kann, dass bei einem leichten bis mittelgradigen CFS ist ein Pflegegrad 1 bis 2 regelhaft sein dürfte.

Höhere Pflegegrade sind insbesondere von der Einstufung in die "Bell"-Skala und den sich dafür zugrunde liegenden Einschränkungen in der alltäglichen Ausübung der individuellen Selbstständigkeit des Patienten abhängig, erläutert Riehle abschließend, der Betroffenen und Angehörigen beratend zur Seite steht.

Chronisches Erschöpfungssyndrom und Fibromyalgie sind nur schwer objektivierbare Krankheitsbilder

Erkrankte eines Chronischen Erschöpfungssyndroms (CFS) oder einer Fibromyalgie haben es oft schwer, bei Ärzten, Versicherungen oder Ämtern und Behörden ernstgenommen zu werden und ihre Ansprüche durchzusetzen. Darauf weist die bundesweite tätige Selbsthilfeinitiative des Konstanzer Betroffenen Dennis Riehle hin, die Patienten psychosozial berät. Wie der 37-Jährige in einer aktuellen Stellungnahme ausführt, habe sich die Situation für die CFS- und Fibromyalgie-Kranken zuletzt zwar deutlich verbessert. Dennoch bleibe noch viel Nachholbedarf, allerdings: „Für die Betroffenen ändert sich vor allem die Motivation, durch das Rampenlicht, in dem die Erkrankungen nun stehen, endlich selbstbewusst zu versuchen, sich eine gesicherte Diagnose vom Arzt zu holen und damit auch entsprechende Nachteilsausgleiche wie eine Erwerbsminderungsrente, einen Schwerbehindertenausweis oder die Pflegebedürftigkeit zu beanspruchen.

Zwar werden die Patienten auch weiterhin viel Einsatz zeigen müssen, bei manchem Mediziner Aufklärungsarbeit zu betreiben und um ernsthaftes Verständnis für ihre Situation zu werben. Generell scheint mir aber die Aussicht auf eine erfolgreiche Anerkennung und Wertschätzung der persönlichen Krankengeschichte derzeit so groß wie bisher noch nie.

Denn das stiefmütterliche Dasein von CFS/ME und Fibromyalgie wurde allein durch die Masse an neuen Fällen im Rahmen von Long-Covid oder Post-Vac beendet", so Dennis Riehle, der bislang etwa 4000 Erkrankte beraten hat und selbst seit 2014 mit CFS und Fibromyalgie-Syndrom konfrontiert ist und insgesamt einen Blickwechsel in der Einordnung der beiden Störungsbildern erkennt.

„Natürlich bleibt bei vielen Schulmedizinern eine gewisse Berührungsangst, weil Fibromyalgie und CFS-Erkrankungen mit einem sehr diffusen Symptombild sind, das nicht wirklich greifbar erscheint, individuell unterschiedlich ist und zugleich sehr stark vom subjektiven Leidensdruck des Betroffenen abhängt.

Es handelt sich also um eine beschreibende Diagnose, die vor allem auf Basis der Schilderung des Patients beruht und nur bedingt durch technische Untersuchungen und eindeutige Nachweise untermauert werden kann.

Gleichzeitig habe ich aber schon den Eindruck, dass Ärzte aufgrund der Vielzahl der Fälle kaum noch umhinkommen, den beiden Krankheiten mehr Beachtung zu schenken und nicht mehr allein darauf setzen, dass Erkrankungen messbar, fassbar und irgendwie definierbar sein müssen.

Es setzt sich die Haltung durch, nicht mehr in Schubladen zu denken. Unbestritten herrscht bei einigen von ihnen aber immer noch die Ansicht, dass Symptome ohne eindeutig umreißbare Ursache in den Bereich der psychosomatischen Phänomene oder gar der Simulation verortet werden.

Glücklicherweise erlebe ich es aber zunehmend, dass Ärzte Sensibilität dafür entwickeln, dass selbst Seelenleiden in der Regel eine körperliche Komponente gegenübersteht – und umgekehrt", formuliert der Psychologische und Sozialberater, und ergänzt abschließend:

„Menschen mit CFS und Fibromyalgie sollten nicht resignieren. Gerade, wenn es auch darum geht, soziale Ansprüche zu stellen, sollten sie dranbleiben. Gerade im Hinblick auf Schwerbehinderung, Erwerbsminderungsrente oder Pflegebedürftigkeit gibt es in letzter Zeit immer wieder neue Urteile, die die Rechte der Betroffenen stärken und eine Orientierung geben, wie CFS/ME und Fibromyalgie sozialrechtlich zu beurteilen sind. Die Definitionen werden genauer, die Voraussetzungen klarer. Daher sollte man sich auch mit Nachdruck für seine Rechte einsetzen".

CFS- und Fibromyalgie-Patienten sollten psychosomatischen Anteil am Störungsbild nicht verleugnen

Zahlreiche organische Erkrankungen gehen mit einer psychogenen Komponente einher. Das gilt auch für die Fibromyalgie und das Chronische Erschöpfungssyndrom (CFS).

Hierauf weist aktuell der Leiter der bundesweit tätigen Selbsthilfeinitiative, Dennis Riehle (Konstanz), in einer Aussendung hin und ermutigt Betroffene, sich dem psychosomatischen Anteil ihres Krankheitsbildes zu stellen, um mit ihm Frieden zu schließen und nicht im ständigen Widerstand zu ihm zu stehen.

Denn nach Auffassung des Psychologischen Beraters vom Bodensee, der selbst seit acht Jahren an beiden Störungen erkrankt ist, bedeutet die Annahme einer seelischen Wechselwirkung nicht gleichzeitig, sich in die „Psycho-Ecke" schieben zu lassen – wie viele Patienten aus Angst vor Diskriminierung und Ausgrenzung oftmals argumentieren:

„Ich höre so oft von vielen Betroffenen, sie seien doch nicht verrückt. Natürlich bilden sie sich ihre Beschwerden nicht ein, dennoch meine ich: Diese Reaktion macht klar, dass wir vor allem ein Problem damit haben, psychische Gebrechen nicht als vollwertige Erkrankung anzunehmen.

Es ist keine Schande mehr, auch seelisch auf Krisen und Krankheiten zu antworten. Im Gegenteil. Wir brauchen einen Wandel im Verständnis von Syndromen, die sich im Grenzbereich zwischen Körper und Psyche bewegen. Ich rate aus meiner ganz eigenen Erfahrung jedem, der an einer schweren Erkrankung leidet, Psychotherapie in Anspruch zu nehmen und sich eigenbewusst und souverän zu geben, wenn es darum geht, von Anderen nur deshalb schief beäugt zu werden.

Mit einer überzeugten Sicht von uns aufzutreten, das kann auch beim Arztbesuch durchaus helfen. Denn dass jemand nicht ernst genommen wird, liegt oft auch an seinem Selbstbild, das er ausstrahlt und Angriffsfläche bietet".

Riehle hat als Sozialberater bereits mehr als 4000 Patienten begleitet und weiß daher: „Ich denke, es ist heute wichtiger denn je, als informierter Patient aufzutreten. Wir sollten uns in seriösen Quellen über unsere Erkrankung Wissen aneignen, das wir allerdings nicht besserwisserisch, sondern vielmehr fragend und anbietend dem uns gegenübersitzenden Arzt kundtun und ihn damit indirekt auffordern, sich selbst kundig zu machen. Wenig hilfreich sind aber Anwürfe oder Vorurteile, mit denen wir auf den Mediziner oder Therapeuten zugehen.

Viel eher geht es darum, Interesse für das Krankheitsbild und die eigene Leidensgeschichte zu wecken, ohne Mitgefühl erhaschen zu wollen oder mit Forderungen und Erwartungen aufzutreten.

Auch sollten wir nicht unnötig dramatisieren. Denn wer sich besonders in den Vordergrund stellt, wird rasch als überheblich angesehen und erhält vom behandelnden Mediziner rasch einen Stempel und wird in nicht gewollte Ecken gestellt. Stattdessen rate ich dazu, Vorschläge zu machen.

Man kann beim Arzt Untersuchungen anregen oder Behandlungsansätze einbringen. Nach dem Motto: ‚Was würden Sie von Physiotherapie halten?‘ und ‚Möchten Sie vielleicht die druckdolenten Schmerzpunkte überprüfen?‘. Damit macht man ihm sehr deutlich, dass man mitarbeitet, ihn aber nicht bevormundet.

Ich habe damit schon viel erreicht. Zusammenfassend: Seien wir fragende, nicht fordernde Patienten. Bleiben wir authentisch und auch plausibel in unserer Eigendarstellung. Unterlassen wir Belehrungen und zeigen wir uns konstruktiv". Abschließend appelliert Riehle:

„Daneben gilt es aber, auch weiterhin die Selbsthilfe als politische Interessenvertretung zu stärken und somit zu erreichen, dass die Versorgungsstrukturen für Betroffene verbessert werden können. Wenden wir uns mit unseren Geschichten an die zuständigen Stellen, um dort bekannter zu machen, was es tatsächlich bedeutet, mit CFS oder Fibromyalgie zu leben und wo es noch Missstände gibt.

Ermutigen wir Wissenschaft und Forschung, am Thema dranzubleiben und die Erkrankungen weiter zu demaskieren, denn es gibt noch sehr viel Unklarheit über ihre Hintergründe und Zusammenhänge", so der Journalist.

Rehabilitation bei Erschöpfung und Fibromyalgie nur sehr eingeschränkt nützlich und wirkungsvoll

Patienten mit Chronischem Erschöpfungssyndrom (CFS) und Fibromyalgie können Rehabilitationsmaßnahmen nur bedingt helfen. Diese Auffassung vertritt der Leiter der bundesweit tätigen Selbsthilfeinitiative, Dennis Riehle (Konstanz):

„Aus eigener Erfahrung und nach Beratung von mehr als 4000 Betroffenen muss ich feststellen, dass das eigentlich hehre Anliegen, mit einer Rehabilitation den Zustand der Erkrankten zu verbessern, regelhaft nicht erreicht werden kann.

Im Gegenteil: Oftmals sind diese Behandlungen sogar kontraproduktiv und die Gesundheit hat sich anschließend gar verschlechtert", erklärt Riehle. Dies liege nach seiner Meinung an der für die beiden Störungsbilder typischen Belastungsintoleranz:

„Gerade bei mittelgradigen oder schweren Verläufen sind Patienten überhaupt nicht rehafähig, weil sie das mindestens drei- bis vierstündige Tagesprogramm an Anwendungen und Therapien in einer stationären Rehabilitation gar nicht ableisten können. Viel eher verschlimmert sich die Symptomatik durch die Inanspruchnahme solch anstrengender Maßnahmen noch weiter.

Dies unterscheidet CFS und Fibromyalgie auch beispielsweise von einer depressiven Erschöpfung oder einer Fatigue bei neurologischen Erkrankungen. Ärzte und Rentenversicherung meinen es oftmals nur gut mit den Betroffenen und wollen ihnen mit der Reha helfen. Dass dieser Schritt nach hinten losgehen kann, wissen meist nur mit den für diese Krankheiten vertraute und spezialisierte Mediziner. Und selbst die Patienten sind sich gerade nach frisch gestellter Diagnose noch nicht bewusst darüber, dass eine über die schonende ‚Pacing'-Therapie hinausgehende körperliche und psychische Aktivierung eher schädlich sein kann.

Allzu oft erhalte ich Anfragen nach passenden Rehakliniken für CFS und Fibromyalgie. Konsequenterweise kann ich hier aber keine Empfehlung aussprechen, weil das Konzept der klassischen Rehabilitation auf diese Krankheitsbilder nicht passt".

Für Patienten sei das Kriterium der Belastungsintoleranz ein wesentlicher Hinweis, auf welche Ursache ihre Erschöpfung am Ende zurückzuführen sein könnte: „Erholt man sich nach Schlaf, Urlaub oder einer Auszeit wieder davon, kann ein CFS oder Fibromyalgie fast immer ausgeschlossen werden.

Denn bei diesen beiden Störungen nehmen diese bleierne Schwere, Konzentrationsstörungen, emotionale Überforderung und körperliche Abgeschlagenheit auch nach solchen Pausen nicht ab", formuliert Dennis Riehle hierzu. Der Psychologische Berater, der seit 2014 selbst an CFS und Fibromyalgie erkrankt ist, weist viel eher auf andere Therapieansätze und Behandlungsmöglichkeiten abseits der Rehabilitation hin:

„Durch die Gabe bestimmter Antidepressiva kann die Schmerzverarbeitung verbessert und gleichzeitig sogar der Leidensdruck gemindert werden. Überdies hat sich bei der Fibromyalgie teilweise auch die Einnahme milder Opioide bewährt. Zunehmende Bedeutung erlangt die richtige Ernährung und Nahrungsergänzung, welche nach einem aktuellen Urteil bei CFS sogar in ausgewählten Fällen von den Krankenkassen finanziert wird. Insbesondere spielen Vitamin D, Liponsäure, orales NADH, Omega-3-Fettsäuren, Eisen und Magnesium eine Rolle. Eine Bestimmung wesentlicher Mikronährstoffe sollte deshalb stets erfolgen. Durch Antioxidantien können die Mitochondrien gestärkt werden. Weiterhin sind Schlafhygiene, Entspannungsverfahren, Lichttherapie, Manuelle und Physiotherapie, Ergotherapie und Wärmetherapie, mentales und Anti-Stress-Training, Psychotherapie und Energiemanagement wichtige Bausteine in der symptomatischen Betreuung", so Riehle abschließend.

Chronisches Erschöpfungssyndrom nur unter strengen Voraussetzungen als Impfschaden anerkannt

Im Zuge der Corona-Pandemie hat das Chronische Erschöpfungssyndrom (CFS) neue Aufmerksamkeit bekommen. Nicht nur als ein Symptom von Long-Covid ist es aufgetreten, sondern auch als mögliche Impfkomplikation. Hierauf macht der Leiter der bundesweit tätigen Selbsthilfeinitiativen zu CFS, Fibromyalgie und Impfschäden, Dennis Riehle (Konstanz), in einer Aussendung aufmerksam. Demnach haben sich beim Psychologischen Berater, der selbst betroffen ist, mittlerweile rund 4.500 Patienten mit einer Schädigung nach Verabreichung eines Corona-Vakzins gemeldet, von denen rund 67 % angaben, unter anderem auch an einer ausgeprägten Erschöpfung zu leiden. „Ob es sich hierbei jeweils um ein impfinduziertes CFS handelt, ist schwer zu sagen. Letztlich kann die Herkunft der Beschwerden in der Regel nicht abschließend geklärt werden, weshalb auch die haftungsauslösende Anerkennung eines CFS als Impfschaden nur sehr selten gelingt", erklärt der in Sozialrecht zertifizierte Riehle. Denn es genüge nicht allein ein zeitlich zur Impfung aufgetretenes Symptombild, das am Ende auch zu einer sozialen Entschädigung führt.

Viel eher müsse neben einer unmittelbaren Impfreaktion (Primärschaden) auch eine mindestens über sechs Monate andauernde gesundheitliche, soziale und wirtschaftliche Einschränkung (Sekundärschaden) vorliegen, die dann in einer plausiblen Indizienkette mit einer zumindest hohen Wahrscheinlichkeit nachvollziehbar und nach gesundem Menschenverstand ohne ernsthaften Zweifel auf die Immunisierung zurückzuführen sein dürfte.

Diese Kausalität könne nur gerichtsfest hergestellt werden, wenn andere Ursachen für die Gesundheitsstörung auszuschließen sind.

„Wenn man auf vergangene Urteile blickt, ist ein impfinduziertes CFS nur dann sicher anzunehmen, wenn es sehr plötzlich und in einer zeitlichen Nähe zum Piks aufgetreten ist.

Daneben müsse von einem Impfschaden ausgegangen werden, sofern die Symptome über die bloße körperliche, psychische und emotionale Erschöpfung hinausgehen und beispielsweise auch eine Schmerzstörung umfassen. Daneben gilt das Ausbleiben von infektiösen Zeichen wie Fieber oder Lymphknotenschwellung als Hinweis auf ein impfinduziertes CFS.

Schlussendlich sind die Chancen auf Feststellung eines Impfschadens höher, wenn es sich um frisch entwickelte Impfstoffe handelt, nachdem diese oftmals noch nicht abschätzbare Nebenerscheinungen und Wechselwirkungen mit sich bringen können und daher von Gerichten eher als Auslöser von Schädigungen eingeschätzt werden als Vakzine, die sich bereits über einen Zeitraum bewährt haben". Riehle sieht insbesondere dann Schwierigkeiten, wenn bereits Vorerkrankungen bestanden haben: „Dann fällt die Unterscheidung zwischen einer impfbedingten und anderweitig verursachten Symptomatik deutlich schwerer und muss gutachterlich sehr viel intensiver abgewogen werden".

Der Selbsthilfegruppenleiter empfiehlt in jedem Fall, aufkommende Beschwerden ausführlich dokumentieren und attestieren zu lassen: „Gerade, wenn es darum geht, einen Kausalnachweis zu erbringen, sind die chronologischen Abläufe einer möglichen Impfschädigung von besonders großer Bedeutung. Es obliegt dann dem behandelnden Arzt, die Geschehnisse kritisch zu bewerten und eine Einschätzung über die Ätiologie abzugeben. Eine abschließende Beurteilung nimmt dann das Versorgungsamt vor, das einen Antrag auf Anerkennung einer Entschädigungsleistung nach dem Impfschutzgesetz sorgfältig prüft", so Riehle abschließend.

Chronisches Erschöpfungssyndrom (CFS) und Fibromyalgie als systemische Erkrankungen begreifen!

Sie gelten bislang als weiterhin in vielen Aspekten ungeklärte Krankheitsbilder, die zwischen den einzelnen Fachdisziplinen hin und her geschoben werden und sozialrechtliche Beurteilungen schwer machen: Das Chronische Erschöpfungssyndrom (CFS) und die Fibromyalgie hatten über viele Jahrzehnte hinweg ein stiefmütterliches Dasein in Medizin und Wissenschaft.

Auch Ämter, Behörden und Versicherungen hatten Schwierigkeiten, die komplexen Störungsbilder angemessen zu beurteilen. „Mittlerweile ist man da glücklicherweise ein Stück weiter", attestiert der Leiter der bundesweit tätigen Selbsthilfeinitiative zu CFS und Fibromyalgie, Dennis Riehle, in einer aktuellen Stellungnahme und stellt fest: „Heute spielt es nicht mehr die zentrale Rolle, woher die Erkrankung eigentlich rührt, sondern welche Beschwerden und Einschränkungen sie verursacht.

Damit ist gerade im Blick auf einen jeweils individuell festzustellenden Grad der Behinderung, eine Erwerbsminderungsrente oder Pflegebedürftigkeit ein Paradigmenwechsel geschehen, der prinzipiell viel mehr Möglichkeiten eröffnet, das tatsächliche Leiden des Einzelnen angemessener zu bewerten", sagt der 37-Jährige, der seit acht Jahren an Fibromyalgie und CFS leidet.

Beide Krankheiten sind durch ein diffuses Bild an Beeinträchtigungen gekennzeichnet, gemeinsam sind ihnen jedoch eine Belastungsintoleranz, Erschöpfung und häufig Schmerzen unklarer Ursache.

Daneben können weitere Funktionsbereiche eingeschränkt sein, sei es entweder durch psychisch-kognitive Defizite, Magen-Darm-Beschwerden oder Nahrungsunverträglichkeiten, aber auch in Folge von Herz-Kreislauf-Problemen und einer insgesamt ausgeprägten Kraftlosigkeit von Muskeln, vereinzelt Nervenreizungen oder aber entzündeten Sehnenansätzen und empfindlichen Hautarealen.

„Letztendlich bleibt bei der Mannigfaltigkeit der Symptome nur die logische Schlussfolgerung, beide Syndrom als systemische Erkrankung zu begreifen und sie nicht als reine Erschöpfungskrankheiten psychovegetativen Ursprungs anzusehen – wenngleich dieser bei vielen Betroffenen eine entscheidende Rolle spielt und nicht zuletzt oftmals im Vordergrund stehen dürfte". Die Rechtsprechung geht deshalb auch weiterhin davon aus, dass es einer auf den jeweiligen Einzelfall zugeschnittenen Beurteilung der sozialen Situation des Betroffenen bedarf: „Gerade im Schwerbehindertenrecht zählt die sogenannte ‚führende Behinderung', welche demjenigen System des Organismus entstammt, das die schwersten und prägenden Symptome einer Erkrankung auslöst. Ein CFS ist folglich parallel zur Schwere der Funktionseinschränkungen und der verbliebenen Teilhabe am Alltagsleben bei vergleichbaren psychischen und/oder organischen Erkrankungen zu beurteilen, welche die Versorgungsmedizinischen Grundsätze in ihrem jeweiligen GdB einordnen.

Insbesondere kommen hier Krankheiten des rheumatischen Formenkreises, Schmerzsyndrome, Bewegungsstörungen, Neurasthenien oder Depressionserkrankungen in Betracht, wobei weitergehende Beschwerden analog mit einem zusätzlichen Einzel-GdB zu bewerten sind und hieraus ein Gesamt-GdB als Ausdruck des individuellen Gesundheitszustandes zu bilden ist.

Erheblich ist dabei das Funktionssystem, in welchem die führende Behinderung liegt und die damit Ausgangslage zur Festlegung des letztendlichen Grades der Behinderung und die Nachteilsausgleiche ist.

Bei Erwerbsminderung und der Pflegebedürftigkeit geht es dann um die Einschränkung, am beruflichen Leben teilzuhaben beziehungsweise seinen Alltag selbstständig führen zu können.

Sowohl in der Zuerkennung der Schwerbehinderteneigenschaft, aber auch bei einer etwaigen Feststellung über eine Erwerbsminderung ist es zwingend erforderlich, dass nicht nur das

Krankheitsbild vom Facharzt diagnostiziert und anhand der geltenden Klassifikationen untermauert wurde. Viel eher müssen die einzelnen Einschränkungen, die im individuellen Fall mit der ME einhergehen, einzelnen aufgelistet und in ihrer Intensität beschrieben werden.

Hierzu eignen sich beispielsweise auch Ziffern aus dem ICD-Diagnoseschlüssel, Kapitel XVIII (Buchstabe R). Die größten Aussichten auf Erfolg können erfahrungsgemäß mit einem ausführlichen Attest eines Facharztes für Orthopädie, Neurologie oder Psychiatrie erzielt werden. In der Bestimmung des Pflegegrades ist vor allem die verbliebene Fähigkeit, die Lebensgestaltung noch eigenständig vornehmen zu können, von Bedeutung. Hierfür kann eine Einstufung in der sogenannten ‚Bell-Skala' hilfreich sein", sagt Riehle in seinen Einlassungen abschließend.

Fibromyalgie-Syndrom kann zu einer Schwerbehinderung führen und Nachteilsausgleiche bewirken

Das Fibromyalgie-Syndrom galt lange Zeit als ein wenig greifbares Krankheitsbild, dessen Ursache und medizinische Einordnung stets umstritten war und häufig als Verlegenheitsdiagnose gestellt wurde.

Dabei sind die Herkunft und Auswirkungen dieses chronischen Schmerzzustandes an Sehnen, Muskeln und Fasern sowie ihn häufig begleitende Müdigkeit, Magen-Darm-Beschwerden, Depression und Einschränkungen der kognitiven Leistungsfähigkeit mittlerweile weitgehend geklärt und damit auch das Ausmaß des individuellen Leidensdrucks und der Funktionsbeeinträchtigungen, die sich aber nur schwer objektivieren lassen.

Dieser Auffassung ist der Leiter der bundesweit aktiven Selbsthilfeinitiative zu Chronischem Erschöpfungssyndrom (CFS) und Fibromyalgie, Sozialberater Dennis Riehle:

„Deshalb haben es Betroffene häufig auch sehr schwer, ihre Ansprüche bei Ämtern, Behörden und Versicherungen durchzusetzen. Allerdings gibt es auf Grundlage von Gerichtsurteilen der letzten Jahre durchaus eine Orientierung, was Fibromyalgie-Patienten zustehen kann und welche Voraussetzungen hierfür gegeben sein müssen", erläutert der 37-jährige, der seit 2014 selbst erkrankt ist.

So lasse sich aus einem Beschluss des Bundessozialgerichts (16.03.2016, Az.: B 9 SB 85/15 B) ableiten: „Ein primäres Fibromyalgie-Syndrom ist bei der Prüfung einer Schwerbehinderteneigenschaft unter dem Gesichtspunkt einer rheumatischen, orthopädischen oder Weichteilerkrankung gemäß des entsprechenden Abschnitts der Versorgungsmedizinischen Grundsätze zu bemessen.

Handelt es sich um ein vorwiegend sekundäres (reaktives) Fibromyalgie-Syndrom mit dominierend psychogener Komponente, insbesondere einer Störung in der funktionellen Schmerzverarbeitung, kann eine Beurteilung auch äquivalent zu psychischen und psychovegetativen Krankheitsbildern unter dem entsprechenden Abschnitt der Versorgungsmedizinischen Grundsätze vorgenommen werden", schlussfolgert Dennis Riehle, der auch auf eine Entscheidung des Landessozialgerichts Berlin Brandenburg vom 12.02.2022 mit dem Aktenzeichen: L 13 SB 173/21 aufmerksam macht, wonach eine Fibromyalgie mit vornehmlicher Störung der Schmerzverarbeitung mit einem GdB (Grad der Behinderung) von 50 bewertet werden und damit also eine Schwerbehinderung darstellen könne. Weiterhin verweist Riehle auf ein Urteil des Bundessozialgerichts (11.8.2015, Az : B 9 SB 1/14 R): „Hieraus kann man interpretieren, dass ein Fibromyalgie-Syndrom kann auch bei vorwiegend psychogener Natur der Schmerzverarbeitungsstörung zu einer Anerkennung des Merkzeichens ‚G' (erhebliche Beeinträchtigung der Gehfähigkeit) führen kann, wenn das Ausmaß der schmerzbedingten Gehbehinderung mit jener einer überwiegend körperlichen ausgelösten Gehstörung vergleichbar ist".

Und auch in Bezug auf eine mögliche Erwerbsminderung wurde bereits juristisch entschieden. Der in Sozialrecht zertifizierte Psychologische Berater blickt hierfür auf das Urteil des Landessozialgerichts Nordrhein-Westfalen vom 16.05.2019 unter dem Aktenzeichen: L 8 R 350/17 und referiert dazu:

„Das Fibromyalgie-Syndrom muss bei isoliertem Erscheinungsbild mit ausschließlicher Schmerzsymptomatik und begrenzten Folgen für die psychovegetative Gesundheit und den Stütz- und Halteapparat nicht zwingend zu einer (teilweisen) Erwerbsminderung führen. Entscheidend sind vielmehr die konkreten Auswirkungen der vorliegenden Funktionsstörungen auf die Arbeitsleistung, welche durch fachmedizinische Begutachtung - regelhaft auch psychiatrisch - festzustellen sind", so Dennis Riehle zu dieser Entscheidung.

Führe man diese Rechtsprechung weiter, ergebe sich auch ein Hinweis, ob und wann eine Fibromyalgie Pflegebedürftigkeit auslöse:

„Ein Fibromyalgie-Syndrom gilt mit einem bei unkomplizierten Verläufen Grad der Behinderung von maximal 50 als mäßiggradige chronische Erkrankung, die insofern zu einer Einordnung in höchstens Pflegegrad 1, in schweren Fällen in Pflegegrad 2, führen kann", sagt Dennis Riehle, der bereits mehr als 3000 Patienten beraten hat. Insgesamt sei man also mit der Erkrankung nicht alleingelassen. Wichtig bleibe aber, sich die Diagnose fachärztlich anhand der aktuell geltenden Kriterien bescheinigen und das Ausmaß der Symptome auf die Alltagsfähigkeit attestieren zu lassen: „Heute blickt man nicht mehr allein auf die sogenannten Triggerpunkte auf dem Körper, welche zumeist Ausgangspunkt für die Schmerzproblematik sind. Viel eher wird nun der syndromale Charakter der Erkrankung in den Blick genommen, also die vielseitigen Probleme des Störungsbildes, ob nun medizinischer, psychologischer oder sozialer Natur. Entsprechend der multimodalen und ganzheitlichen Perspektive gelingt es besser, die Herausforderung für Betroffene zu verstehen".

Chronische Erschöpfung und Fibromyalgie: Differentialdiagnostik ist von großer Bedeutung

Wer aufgrund eines Chronischen Erschöpfungssyndroms (CFS) / Myalgischer Enzephalomyelitis (ME) oder einer Fibromyalgie soziale Leistungen beanspruchen möchte, bedarf einer fundierten Diagnose. Diese Erfahrung macht die bundesweit aktive Selbsthilfeinitiative zum Thema, die vom Konstanzer Berater Dennis Riehle geleitet wird.

„Dass die beiden Erkrankungen reine Ausschlussdiagnosen seien, diese Einschätzung kann ich heute nicht mehr teilen. Denn es gibt mittlerweile sehr klare Kriterien, um ein CFS oder Fibromyalgie festzustellen und es entsprechend zu attestieren. Aber natürlich braucht es eine umfassende Differentialdiagnostik, um gerade anfangs andere Ursachen für die Beschwerden beiseiteräumen zu können", so der Journalist vom Bodensee, der seit 2014 selbst erkrankt ist.

Beim CFS seien gerade psychiatrische Erkrankungen wie Depressionen, Neurasthenie oder akute Belastungsreaktionen auszuschließen.

Aber auch körperliche Krankheiten, die eine Fatigue auslösen Ebenso kommen hormonelle Störungen und ein Schlafapnoe in Betracht.

Dennis Riehle empfiehlt daher zunächst den Gang zum Hausarzt, der bereits eine orientierende Untersuchung durchführen könne:

„Wenn ein Fibromyalgie-Syndrom im Verdacht steht, sollten andere rheumatische Erkrankungen, somatoforme Schmerzstörungen, systemisch-entzündliche Erkrankungen wie Vaskulitiden, das Sjögren-Syndrom, Morbus Bechterew oder der Lupus erythematodes abgeklopft und verneint werden. Zudem sind bei CFS und Fibromyalgie infektiöse Differentialdiagnosen in Augenschein zu nehmen. Neben Hepatitis C oder HIV sind oftmals Borreliosen eine denkbare Ursache.

Endokrin sind eine Hypothyreose, ein Cushing-Syndrom und ein Hyperparathyreoidismus möglich", sagt der Berater, der mittlerweile rund 5.000 Betroffene in der Selbsthilfe begleitet hat.

Nach Aussagen Riehles sei die genaue Diagnose nicht nur für die richtige Behandlung entscheidend. Auch beim Anspruch auf soziale Leistungen ist die korrekte Befundung von Belang:

„Gerade, wenn es letztlich um eine etwaige Schwerbehinderteneigenschaft oder eine Erwerbsminderungsrente geht, kann die Herkunft der Symptome viel ausmachen.

Denn während beispielsweise eine Depression in vielen Fällen gut behandelbar ist und eine Wiedereingliederung in den Beruf denkbar scheint, ist bei einem manifesten und durch neuroimmunologische Diagnostik bestätigten CFS eine Chronifizierung kaum zu verhindern, sodass dauerhafte Belastungsintoleranz und deutliche Einschränkung der Alltagsfähigkeit zu erwarten sind.

Dieser Befund wirkt sich dann natürlich auch auf die Entscheidung von Leistungsträgern aus, die über die Dauer und das Ausmaß der Gewährung sozialer Hilfen befinden.

Am Ende ist aber vor allem die individuelle Einschränkung durch die vorliegenden Funktionsstörungen maßgeblich, sodass sich Betroffene nicht allein auf die Suche nach der Ursache ihres Leidens einengen, sondern eher eine frühzeitige und symptombasierte Therapie in Anspruch nehmen sollten". Riehle empfiehlt in dieser Hinsicht, einen multimodalen Ansatz zu wählen:

„Neben verschiedenen Wegen aus der Schmerzbehandlung geht es auch um ein Energiemanagement, das mithilfe einer Psychotherapie erlangt werden kann. Daneben gibt es auch Medikamente, die bei der Bewältigung der Erkrankung mental unterstützen. Und nicht zuletzt ist stets eine Bestimmung der Mikronährstoffen sowie von Schwermetallen anzustreben. Bei Bedarf sollten Vitamine substituiert werden. Vielen Erkrankten helfen daneben Wärmetherapie, Lichtbehandlung, Ernährungsumstellung und eine achtsame Schlafhygiene.

Und nicht zuletzt ist es bedeutsam, in der Aktivierung zu bleiben und sich durch gute Selbstfürsorge und Resilienz die Teilhabe am Dasein zu sichern", meint Dennis Riehle hierzu abschließend.

Chronisches Erschöpfungssyndrom durch Long-Covid und Post-Vac

„Blicken wir auf die vergangenen zwei Jahre zurück, verzeichnen wir einen dramatischen Anstieg der Betroffenenzahlen des Chronischen Erschöpfungssyndroms (CFS), das auch als Myalgische Enzephalomyelitis (ME) bekannt ist und sich derzeit vor allem im Rahmen von Long-Covid und als Impfkomplikation zeigt", erklärt der Leiter der bundesweiten Selbsthilfeinitiative zu CFS und Fibromyalgie, Dennis Riehle, in einer aktuellen Stellungnahme.

Der Psychologische und Sozialberater, der schon lange selbst an beiden Erkrankungen leidet und dessen Beschwerden durch eine verabreichte Corona-Schutzimpfung an Intensität stark zugenommen haben, hat bisher rund 3000 Patienten begleitet und sieht unmittelbare Zusammenhänge: „Das CFS wird oftmals durch eine traumatische Erfahrung ausgelöst. Das können eine psychische Belastungsreaktion, eine Infektion, eine Impfung oder andere körperliche Erkrankungen sein, die dann zu einer andauernden, belastungsintoleranten Erschöpfung in seelischer, emotionaler, physiologischer sowie kognitiv-geistiger Hinsicht führen. Nicht zu verwechseln ist das CFS mit der bei zahlreichen neurologischen Erkrankungen wie Multiple Sklerose auftauchenden Fatigue.

Stattdessen ist das Chronische Erschöpfungssyndrom eine ganz eigene, meist immunologische Krankheit, die auch zu Herz-Kreislauf-Problemen, Magen-Darm-Beschwerden, Schmerzsyndromen, Unverträglichkeiten oder Bewusstseinsstörungen führen kann.

Der Patient erholt sich trotz Entspannung, Urlaub, Rehabilitation oder Krankschreibung nicht, bereits nach kleinsten Stressoren tritt bei ihm eine bleierne Schwere ein, welche sich auch bei Schonung und nur leichter Aktivierung nicht zurückbildet", erklärt der 37-Jährige entsprechend.

Allerdings gibt es bis heute keinen eindeutigen Nachweis für das Krankheitsbild, sodass es eine beschreibende und Ausschlussdiagnose bleibt, die erst dann gestellt werden sollte, wenn sich in der Anamnese Hinweise für einen Auslöser finden lassen und eine Abklärung anhand der „Kanadischen Kriterien" durch einen Facharzt vorgenommen wurde.

Gleichsam können auch Hinweise auf eine Mitbeteiligung des Zentralen Nervensystems oder auffällige Blutwerte, ebenso radiologische Bildgebung, das Erscheinungsbild der Symptome und die Klinik ein wichtiger Ansatzpunkt sein. „Wenn sich das CFS dann mit hoher Wahrscheinlichkeit eingrenzen lässt, bestehen nur begrenzte Maßnahmen zur Therapie und Behandlung bereit.

Es gilt, die jeweils individuellen Einschränkungen mithilfe von mitochondrialer Stärkung durch Antioxidantien, Bestimmung von Mikronährstoffen mit anschließender Substitution von Mangel-Erscheinungen, Ernährungsanpassung, Schlafhygiene, Ergo- und Physiotherapie, Psychotherapie und Antidepressiva, Lichttherapie, Wechselduschen und

Verhaltensveränderungen im Blick auf ein strukturiertes Bewegungsmanagement zu verbessern", meint der Gruppenleiter aus Konstanz, der daneben ausführt: „Generell sollten CFS-Patienten die nötigen und für sie in Frage kommenden Sozialleistungen beantragen, beispielsweise durch Zuerkennung der Schwerbehinderteneigenschaft, von Pflegebedürftigkeit oder bei Erwerbsminderung.

Auch wenn der Nachweis des Chronischen Erschöpfungssyndroms im rechtlichen Sinne schwer ausfällt, sollte das nicht entmutigen: Nicht allein die Diagnose spielt eine wichtige Rolle. Eher ist es die Art, Intensität und Dauer der Funktionsbehinderungen, die der Betroffene durch das CFS im alltäglichen Dasein erfahren muss. Zwar kann die Ätiologie der Beschwerden bei der Einschätzung hilfreich sein, ob und wann sich ein Patient möglicherweise wieder in gewissem Umfang belasten und beispielsweise an einer Wiedereingliederung am Arbeitsplatz teilnehmen kann. Letztendlich geht es aber um das, was früher möglich war – und heute nicht mehr geht", fasst Riehle abschließend zusammen und verweist als Leiter der Selbsthilfeinitiative zum Post-Vac-Syndrom auch auf das Soziale Entschädigungsrecht. Denn ist das CFS eine mögliche Folge der Immunisierung, kann gegebenenfalls sogar die Anerkennung eines Impfschadens in Betracht kommen", führt der Konstanzer Journalist aus seiner Erfahrung aus.

Voraussetzungen für Erwerbsminderungsrente sind beim Chronischem Erschöpfungssyndrom (CFS) sehr hoch

Wer aufgrund einer Erschöpfungssymptomatik begehrt, eine Erwerbsminderungsrente zu erhalten, muss hohe Hürden nehmen. Hierauf macht der Leiter der bundesweit aktiven Selbsthilfeinitiative zu Chronischem Erschöpfungssyndrom (CFS) und Fibromyalgie, Dennis Riehle (Konstanz), in einer aktuellen Aussendung aufmerksam:

„Verschiedene Urteile aus der jüngeren Vergangenheit bestätigen die Auffassung, dass nicht die Diagnosestellung eines CFS von vorrangiger Bedeutung ist, sondern viel eher die individuelle Einschränkung der Leistungsfähigkeit".

Der Sozialberater beruft sich unter anderem auf das Urteil des Schleswig-Holsteinischen Landessozialgerichts vom 25.10.2021, in dem es unter anderem heißt:

„Ein Anspruch [...] auf Gewährung von Erwerbsminderungsrente hängt [...] nicht davon ab, ob das [...] bestehende Krankheitsbild [...] als Chronisches Fatigue-Syndrom (CFS)/Myalgische Enzephalomyelitis (ME) zu klassifizieren ist. Entscheidend ist vielmehr, ob unter Berücksichtigung der üblichen Anforderungen der Tätigkeiten auf dem allgemeinen Arbeitsmarkt ein Versicherter trotz vorliegender Erkrankungen noch mindestens 6 Stunden täglich tätig sein kann, wenn auch unter Beachtung qualitativer Leistungseinschränkungen. Ob ein derartiges Leistungsvermögen beim Versicherten noch besteht oder nicht, ist nicht anhand der subjektiven Überzeugung des Versicherten festzustellen, sondern durch ärztliche Sachverständige, die die objektiv vorliegenden, aus den gesundheitlichen Erkrankungen folgenden Funktionseinschränkungen für Tätigkeiten des allgemeinen Arbeitsmarktes festzustellen und subjektive Angaben und Überzeugungen des Versicherten in diesen objektiv festzustellenden Rahmen einzuordnen haben", fasst Dennis Riehle zusammen.

Es muss darüber hinaus „eine schwere chronifizierte [...] Erkrankung [vorliegen], die zu einer quantitativen Leistungseinschränkung führen könnte". „Eine bestehende Erschöpfungssymptomatik" muss nicht automatisch ein „zeitlich eingeschränktes Leistungsvermögen bzw. keine Einschränkung der Wegefähigkeit" bedingen. Um eine verminderte Leistungsfähigkeit festzustellen, können „verwendeten Kurztests (D2-Aufmerksamkeits-Belastungstest, MOCA, Trail-Making-Test) nicht geeignet" sein, „eine vermehrte Erschöpflichkeit der kognitiven Funktionen zu belegen", wenn die Ergebnisse zu unterschiedlichen Testzeitpunkten „keine Verschlechterung [...] nachgewiesen haben". Viel eher muss eine für das CFS typisches Abbrechen der Leistungsfähigkeit in der Testfolge vorliegen. Eine „Schlussfolgerung, dass schlechte Testergebnisse eine hirnorganische Ursache haben müssen, ist unzulässig. Eine eingehende Konsistenz- und Plausibilitätsanalyse ist beim Einsatz entsprechender Testverfahren vor diesem Hintergrund unerlässlich [...].

Eine nachvollziehbare Beschwerdevalidierung" ist vorzunehmen. „Die Durchführung von Plausibilitätsprüfungen" scheint obligat. Eine Untersuchung der Herzschlagfrequenz/-variabilität ist „insofern kein geeignetes Instrument, um eine sozialmedizinisch relevante Einschränkung der Leistungsfähigkeit nachzuweisen. Dies trifft ebenso auf den [...] Muskeltest zu". Entsprechend seien laut Riehle diese Zitate aus dem Urteil geeignet, die hohen Hürden für eine Erwerbsminderungsrente bei einem Chronischen Erschöpfungssyndrom zu beschreiben. „Einen Automatismus gibt es also nicht", meint der Psychologische Berater.

Der 37-Jährige vom Bodensee ist seit 2014 selbst an CFS und Fibromyalgie erkrankt und hat seither knapp 5.000 Patienten beraten. Seine Erfahrung zeigt, dass von Gutachtern, Versicherungen und Gerichten sehr genau abgewogen wird, ob denn tatsächlich eine Einschränkung der grundsätzlichen Erwerbsfähigkeit vorliegt. Das machen auch weitere Abschnitte aus genanntem Urteil deutlich.

Demnach kommt es „wie bereits ausgeführt nicht auf die Diagnosestellung an.

Nicht relevant ist insofern, welche körperlichen und kognitiven Einschränkungen sich aus dem Vorliegen einer CFS ergeben können.

Entscheidend ist vielmehr, welche Funktionseinschränkungen [...] konkret feststellen lassen".

Zur Feststellung eines Anspruchs auf eine Erwerbsminderungsrente müssen „Zweifel an der Fähigkeit eines Versicherten unter den üblichen Bedingungen des allgemeinen Arbeitsmarktes erwerbstätig zu sein, ausgeräumt" werden.

Davon ist nicht auszugehen, wenn der Betroffene „mit dem vorhandenen Restleistungsvermögen noch in der Lage ist, ohne zeitliche Einschränkungen körperlich leichte Arbeiten wie z.B. Zureichen, Abnehmen, Transportieren, Reinigen, Bedienen von Maschinen, Kleben, Sortieren, Verpacken oder Zusammensetzen von Teilen zu verrichten.

Verbleiben hieran hingegen ernste Zweifel, so ist weiter zu bewerten, ob eine sog. ‚Summierung ungewöhnlicher Leistungseinschränkungen' oder eine ‚schwere spezifische Leistungsbehinderung' vorliegt. Erst wenn dies zu bejahen ist, muss dem Versicherten eine konkrete geeignete Verweisungstätigkeit benannt werden". Riehle deutet die Ausführungen des Landessozialgerichts so, dass zwischen einer Berufsunfähigkeit und einer Erwerbsminderung klar unterschieden wird. Letztere bedarf deutlich weitgehendere Beeinträchtigungen.

Der Coach zeigt sich angesichts dieses Entscheids aus Schleswig-Holstein überzeugt, dass die Beweisführung vor Sozialgerichten erheblich komplizierter wird:

Insgesamt muss festgestellt werden, dass im „geistigen" und/oder „im Bereich der körperlichen Einschränkungen [… Leistungsdefizite" vorhanden sind, „die nahe legen würden, dass kein am Arbeitsmarkt verwertbares Leistungsvermögen mehr vorhanden ist". […]

„Auch Versicherte, die nur noch körperlich leichte und geistig einfache Tätigkeiten – ggf. unter weiteren gesundheitlichen Einschränkungen - wenigstens sechs Stunden täglich verrichten können, sind regelmäßig in der Lage, ‚erwerbstätig zu sein‘, gibt Riehle nochmals die Schlussfolgerungen der Richter wieder.

Letztlich sei Betroffenen zu raten, umfassende Befunde vorzulegen. Dabei gehe es eben gerade nicht um die ausschließliche Klassifizierung der Beschwerden als CFS, sondern um Nachweise, welche Funktionsstörungen im Konkreten vorliegen. „Patienten sollten weniger auf die Feststellung eines Chronischen Erschöpfungssyndroms beharren, sondern auf die fachärztliche Einschätzung verbliebener Leistungsfähigkeit anhand nachvollziehbarer und konkludenter Testverfahren sowie klinischer Überprüfungen. Insbesondere ist zu belegen, dass eine etwaige Belastungsintoleranz vorliegt, die die Symptomatik verstärkt, sobald körperliche, kognitive oder seelische Anstrengung eintritt.

Besonderes Augenmerk sollte auf eine aussagekräftige Differentialdiagnostik gelegt werden", sagt Riehle. Dazu gehöre auch eine psychiatrisch-psychologische Inspektion.
„Ich weiß, dass viele Betroffene nicht in die Ecke eines psychisch Kranken gestellt werden möchten und daher solche Untersuchungen ablehnen. Sie sind letztendlich aber wegweisend, wenn es darum geht, eine mögliche Erwerbsminderungsrente zu gewähren. Es kommt auch auf die Mitwirkungsbereitschaft des Patienten an", so Riehle abschließend.

Chronische Erschöpfung (CFS) und Fibromyalgie führen meist zu einem Grad der Behinderung

Betroffene mit einem Erschöpfungssyndrom (CFS/ME) oder einer Fibromyalgie sind erheblich in ihrer Alltagsführung eingeschränkt.

Deshalb steht ihnen in den meisten Fällen ein Grad der Behinderung zu, mit dem sie Nachteilsausgleiche in Anspruch nehmen können. Jedoch fallen die Bescheide des Versorgungsamtes oft nicht so aus, wie es die Patienten erwartet hätten.

Nach Auffassung des Leiters der bundesweit aktiven Selbsthilfeinitiative zu CFS und Fibromyalgie, Dennis Riehle (Konstanz), liegt das auch an einer falschen und nicht abgestuften Erwartungshaltung:

„Jedes Krankheitsbild muss in Relation zu anderen Gesundheitsstörungen gesetzt werden, damit Entscheidungen gerecht sind und eine weitere Differenzierung stattfinden kann.

Auch wenn natürlich die subjektiven Leiden und empfundenen Lasten bei CFS und Fibromyalgie groß sind, muss letztlich auch Platz für schwerwiegendere Erkrankungen bleiben", erklärt der 37-jährige Sozialberater, der dabei auch auf die Rechtsprechung verweist: „Regelhaft wird man bei CFS und Fibromyalgie nur selten über einen Grad der Behinderung von 30 bis 40, in Ausnahmen auch auf 50, hinausgehen können. Auf der von 0 bis 100 in Zehnerschritten aufgeteilten Skala bleibt somit Platz nach unten und oben. Diese Haltung haben auch Gericht bestätigt, sodass es nur in Einzelfällen zu einer höheren Einklassifizierung kommen kann", sagt Dennis Riehle, der seit 2014 selbst an CFS und Fibromyalgie erkrankt ist und aus der Beratung von mittlerweile rund 5.000 Betroffenen weiß, dass es weniger auf den Namen der Krankheit, sondern viel eher auf die Ausprägung der Beeinträchtigungen ankommt: „Eine Diagnose allein führt noch nicht zu einer möglichen Behinderteneigenschaft und rechtfertigt sie auch nur dann, wenn eine Einschränkung der Teilhabe am täglichen Dasein vorliegt".

Riehle macht insbesondere darauf aufmerksam, dass gerade die verbliebenen Möglichkeiten zur privaten, sozialen und beruflichen Partizipation und die Einschränkung der Lebensführung für die Bemessung des Grades der Behinderung (GdB) maßgeblich sind: „Wenn man auf das CFS und die Fibromyalgie schaut, sind hierbei also besonders die Ausprägung der Schmerzintensität und ihre Auswirkungen auf die Beweglichkeit, die Konzentration und die mentale Verfassung von Belang.

Daneben wird sicherlich geprüft, inwieweit die Erschöpfung auch die Konzentration, Aufmerksamkeit, Mobilität und die psychische Schwingungsfähigkeit beeinflussen. Wenn die Beschwerden dabei über die Ausmaße eines psychovegetativen Belastungssyndroms hinausgehen und beispielsweise neurologische Befunde oder organische Korrelate vorliegen, kann sich der GdB im Einzelfall natürlich erhöhen.

Das ist gleichsam dann, wenn zu CFS oder Fibromyalgie noch weitere Erkrankungen aus anderen Funktionsbereichen hinzukommen.

Insgesamt ist es stets eine sehr individuelle Angelegenheit, sodass sich pauschale Prognosen darüber, welcher Behindertengrad erreicht werden kann, kaum beantworten lassen. Widerspruch gegen einen Bescheid des Amtes lohn sich dann, wenn wesentliche Aspekte der Krankheit in der Bewertung ausgelassen wurden oder maßgebliche Informationen aus Arztbriefen unberücksichtigt blieben.

Dafür muss es jedoch auch solche medizinischen Atteste geben, die beim Antrag bereits eingereicht werden sollten.

Es obliegt also dem Patienten auch eine gewisse Mitwirkungspflicht, beim behandelnden Arzt die eigene Symptomatik vollständig und ausführlich darzulegen und danach auf eine angemessene Befundung abzustellen. Wenn sich der Sachbearbeiter ein umfassendes Bild des jeweiligen Krankheitsverlaufes machen kann und in der Lage ist, die Funktionseinschränkungen klar zu bemessen, ist die Aussicht auf gute Ergebnisse recht hoch".

Bei unklaren Schmerzsyndromen auch immer an eine mögliche Fibromyalgie denken

Die Zahl der Schmerzpatienten in Deutschland nimmt kontinuierlich zu. Oftmals treten chronische Schmerzsyndrome als Folge einer körperlichen Krankheit oder psychischen Belastung auf. Nicht selten aber bleiben die Ursachen im Dunkeln und die Diagnosestellung gestaltet sich überaus schwierig. In solchen Fällen sollte auch immer an eine mögliche Fibromyalgie gedacht werden, meint der Leiter der bundesweit aktiven Selbsthilfeinitiative zum Thema, Dennis Riehle (Dennis Riehle):

„Gerade, wenn andere Erkrankungen bereits ausgeschlossen werde konnten und die Diagnosekriterien für eine Fibromyalgie erfüllt sind, spricht viel für das Vorliegen dieser sehr komplexen Schmerzerkrankung, für die heute aber glücklicherweise viele gute Therapieansätze vorliegen", erläutert der 37-jährige Sozialberater vom Bodensee, der seit 2014 selbst betroffen ist.

„Wesentliche Differentialdiagnostik sollte im Hinblick auf etwaige andere Ursachen wie eine entzündliche, infektiöse, neoplastische, endokrine oder psychiatrische Störung vorgenommen werden. Sofern sich hierfür kein Anhalt ergibt, ist die Fibromyalgie dann wahrscheinlich, wenn sich folgende Voraussetzungen bestätigen:

Neben generalisierten Schmerzen in mindestens vier von fünf Körperbereichen (Schulter, Hüfte, Oberarm, Unterschenkel, Kiefer...) kann das Vorliegen von ergänzenden Beschwerden wie Müdigkeit, Schlafstörungen, depressiver Stimmung oder kognitiver Defizite eindeutig festgestellt werden. Im Blut haben sich keine Auffälligkeiten ergeben, beispielsweise bei den Parametern wie CRP, Leber- und Nierenwerte, Eisen, TSH, Elektrolyte, Vitamin D, RF, ANA, ANCA. Zudem hält die Symptomatik seit mindestens drei Monaten an".

Sobald sich auf Basis dieser klinischen Erhebungen ein Verdacht sichern lässt, kann eine Therapie der Fibromyalgie begonnen werden.

Hierzu eignen sich laut Riehle unterschiedliche Ansätze, unter anderem geht es um eine medikamentöse Behandlung der Schmerzen mit Antikonvulsiva, Selektiven Serotonin-/Noradrenalin-Wiederaufnahmehemmern oder milde Opioiden. Alas diätetische Ergänzung haben sich in vielen Fällen auch Präparate mit dem Wirkstoff „Uridinmonophosphat" sowie „R (+) Alpha-Liponsäure" bewährt.

Daneben kann bei nachgewiesenem Mangel auch an eine Substitution von B- und E-Vitaminen gedacht werden, manches Mal helfen zudem Magnesium und Eisen, sofern hier ein Bedarf ärztlicherseits festgestellt wurde. Auch im Blick auf die Erschöpfung gibt es verschiedene Optionen, wie Riehle bemerkt: „ Abseits von Schlafhygiene sind Edukation und Gesundheitsberatung, Stressbewältigung und Entspannungstraining, leichte Aktivierung, eine weitere mitochondriale Stärkung durch Antioxidantien und die Gabe von Zink, Coenzym Q10, L-Carnitin, oralem NADH und Omega-3-Fettsäuren je nach individuellem Profil denkbar.

Auch soll eine Psychotherapie in Erwägung gezogen werden, gerade in Form eines Energiemanagements durch die kognitive Verhaltensoptimierung, das ‚Pacing'".

Insgesamt ist man nicht hilflos gegenüber einer Fibromyalgie. Man sollte jedoch die mentale Herausforderung nicht unterschätzen, die jede chronische Erkrankung mit sich bringt. Daher ist es sinnvoll, sich frühzeitig Hilfe zu suchen. Denn in schweren Fällen sei auch die Zuerkennung einer Schwerbehinderteneigenschaft, eine Erwerbsminderungsrente und eine Pflegebedürftigkeit anzuraten.

Chronisches Erschöpfungssyndrom und Fibromyalgie führen zu Alltagseinschränkung und Leidensdruck

Nicht zuletzt durch Long-Covid haben das Chronische Erschöpfungssyndrom (CFS) und die Fibromyalgie nochmals an gesellschaftlicher Bedeutung zugenommen und gehören mittlerweile zu den weit verbreiteten Volksleiden. Zu diese Einschätzung kommt der Leiter der bundesweit tätigen Selbsthilfeinitiative, die ehrenamtliche Beratung für Betroffene und deren Angehörige bietet.

Wie Dennis Riehle in einer aktuellen Aussendung darüber hinaus erklärt, ist bei beiden Krankheitsbildern, die sich im Erscheinungsbild recht ähnlich seien, der Leidensdruck der Betroffenen sehr hoch und die Alltagseinschränkung erheblich: „Während wir bei Fibromyalgie wohl von einer systemischen Schmerzerkrankung ausgehen können, ist das CFS höchstwahrscheinlich neuroimmunologisch bedingt.

In ihren Folgen sind beide Störungen jedoch vergleichbar:

Beide gehen mit einer ausgeprägten körperlichen, psychischen und geistigen Erschöpfung und diffusen Druckdolenzen an verschiedensten Körperpunkten einher, sind dabei im Schwerpunkt der Symptomatik allerdings sehr unterschiedlich und haben aufgrund der voneinander abweichenden Genese und Herkunft andere therapeutische Ansätze", so Riehle.

Während man beim CFS, das in der Fachsprache auch als Myalgische Enzephalomyelitis (ME) genannt wird, vor allem über Ernährung, mitochondriale Stärkung, begrenzte Aktivierung durch das sogenannte ‚Pacing' und gegebenenfalls Maßnahmen der Entgiftung geht, sind bei der Fibromyalgie gerade die kontinuierliche Bewegungstherapie, psychopharmakologische oder schwach opioide Medikation, physio- und ergotherapeutische Begleitung oder auch ein sachtes Aufbautraining hilfreich", erklärt der Psychologische Berater Riehle.

Er selbst leidet sowohl an CFS und Fibromyalgie und weiß daher um die nicht selten schwierige Differentialdiagnostik der Krankheit.

„Bei erster geht zumeist eine Infektion, ein Virusgeschehen wie Corona, eine Impfung oder eine schwere seelische Belastung voraus, bei letzter wird dagegen ein Stoffwechselproblem im Hornmetabolismus, eine rheumatische Komponente oder Mangelerscheinungen als möglicher Ausgangspunkt diskutiert.

Beide Erkrankungen sind vor allem durch Ausschluss zu klassifizieren, wenn andere organisch-psychologische Ursachen verneint werden können.

Neben einer umfassenden Beratung und Aufklärung über die Störungsbilder nehmen vor allem auch ergänzende Behandlungsmethoden großen Raum ein. Dazu zählen Schlafhygiene, Entspannungsverfahren, Licht- und Wärmetherapie, diätetisches Management oder mentales Training.

Auch hat sich der Erfahrungsaustausch im Sinne der Selbsthilfe als überaus wertvoll erwiesen, denn Betroffene fühlen sich oftmals als seelisch krank abgestempelt, was zum Stigma führt. Auch hiergegen will unsere Psychologische Beratung und digitale Gesundheitsförderung dem überregionalen Unterstützungsangebot einen Beitrag leisten", erläutert Riehle.

Zudem sei insbesondere die soziale Absicherung der Erkrankten eine große Herausforderung: „Durch die Individualität und die mangelnde Objektivierbarkeit von CFS und Fibromyalgie haben es Patienten oftmals sehr schwer, entsprechende Leistungen zu erhalten.

Denn ihnen fehlen nicht selten die Nachweise für ihre mannigfaltigen Funktionsstörungen.

Deshalb werden sie bei Anträgen auf die Schwerbehinderteneigenschaft, eine Erwerbsminderung oder Leistungen der Pflegekasse falsch eingestuft und erhalten nicht die Nachteilsausgleiche, die ihnen eigentlich zustünden.

Daher ist eine wesentliche Aufgabe der Selbsthilfeinitiative die Sozialberatung, die allgemeine Tipps und Anregungen gibt, bei Versicherungen und Behörden zu besseren Ergebnissen zu kommen, die bei einem richtigen Vorgehen aber durchaus erreichbar sind", unterstreicht Dennis Riehle abschließend.

Hinweis

Alle Aussagen in diesem Buch haben lediglich beratenden Charakter und erheben damit keinen Anhalt auf Richtigkeit oder Vollständigkeit. Sie werden nach bestem Wissen und Gewissen gegeben, es besteht keine Gewähr. Entsprechend können aus allen Informationen keine Haftung und keine Ansprüche abgeleitet werden.

Etwaige Produkte, die hierin genannt werden, stellen keinerlei Empfehlung oder Werbung dar.

Die vorliegenden Texte ersetzen keine professionelle Rechtsberatung nach RDG und können nicht an die Stelle von ärztlicher, therapeutischer oder heilkundlicher Diagnostik, Behandlung und Betreuung treten.

Ich lege die bestehenden Rechtsgrundlagen dar und verweise schematisch und ohne jegliche individuelle Bewertung auf die Gesetze.

Ziel dieses Buches ist eine ehrenamtliche, nicht-medizinische Gesundheitsberatung im Sinne der Selbsthilfe als Erfahrungsaustausch.

Beratung

Wenn Sie selbst von CFS oder Fibromyalgie betroffen sind und eine psychologische, Sozial-, Ernährungs- oder Integrationsberatung per Mail wünschen, können Sie sich kostenlos und überregional bei der Selbsthilfeinitiative melden.

Kontakt:

www.erschoepfung-fibromyalgie.de
selbsthilfe@erschoepfung-fibromyalgie.de

Bitte beachten Sie, dass auch diese Beratung keine medizinische Konsultation oder eine rechtliche Dienstleistung ersetzt.

Bibliografische Information der Deutschen Nationalbibliothek: Die Deutsche Nationalbibliothek verzeichnet diese Publikation in der Deutschen Nationalbibliografie; detaillierte bibliografische Daten sind im Internet über dnb.dnb.de abrufbar.

Neuauflage
© 2023 Dennis Riehle

Herstellung und Verlag:
BoD – Books on Demand, Norderstedt

ISBN: 978-3-7448-7509-7